從孔子到豐子愷：中國歷史劇本集

許國惠◎著

前言

我是研究中華人民共和國史的。因為母親的緣故，自小就喜歡中國傳統戲曲，最愛才子佳人的戲、帝王將相的戲。因此我研究歷史的時候，總是跟戲曲有關，先是從樣板戲切入研究文革史，後來通過戲曲電影研究從建國到文革前的中華人民共和國史。做研究的時候，看過許多劇本，也看過不少劇作家和導演談戲的文字。沒想到，我自己也有機會編寫劇本，也有機會充當導演的角色，塑造人物形象並設計畫面。這樣的機會讓我反過來對原來讀過的劇本和導演們談戲的文字有了新的理解。我很慶幸有這樣的機會。

這十個劇本以中國歷史人物的生平故事為中心，內容全來自嚴肅的史料或經典文獻。在創作時既要忠於史實，又要突出一些道德價值，還要考慮戲劇性和趣味性。因為這些劇本要拍成動畫，所以要設計畫面，並要考慮畫面與畫面之間如何過渡。所有這些著實花了我不少心思。以創作〈緹縈〉一劇為例，我先看了前人創作的動畫，發現已有的作品大概可以分為前後兩部分，前半部基本上是以緹縈的父親淳于意為主角，而後半部則以漢文帝為中心。查看《史記》和《漢書》時立即明白為何如此：有關緹縈的故事分別出現在《史記・扁鵲倉公列傳》、《史記・孝文本紀》或《漢書・刑法志》，這些文獻中記載有關緹縈救父的事情，重心要麼在淳于意，要麼在文帝。為了有別於現有的作品並切合題名〈緹縈〉，我決定自己的劇本要以緹縈為主角，故事要圍繞著她展開。以緹縈為中心展開全劇，那麼劇本要解決的一個問題是：緹縈這樣一個年輕的民女，如何能夠有機會見到文帝？讀了班固〈詠史〉：「上書詣北闕，思古（或作闕下）歌雞鳴。憂心摧折裂，晨風揚激聲」，我便找到了解決的辦法：緹縈以傷感的歌聲感動了宮裡的文帝，文帝於是傳召了她。〈雞鳴〉和〈晨風〉當時是怎樣唱的，實在沒法知道了，在製作動畫時我們只好找了一段帶有古意的音樂，並配上由女聲哼出的調子。

這十個劇本全部拍成動畫，所有動畫均可以在香港教育大學的網頁上找到

（https://crse.eduhk.mers.hk及https://achist.mers.hk/chihistoryanime/）。感謝即將離任的校長張仁良教授。是張教授發起了以歷史人物為中心的動畫項目，並給我機會嘗試劇本創作，豐富了我作為一個歷史研究者和戲曲愛好者的人生經歷。

香港教育大學
歷史人物動畫

目次

孔子

序幕

旁　白：假如遇到挫折，你會放棄嗎？還是繼續努力做到最好？中國文化最著名的代表人物孔子，從小志向遠大，以恢復西周盛世為己任。雖然過程中他遇到各種挫折、危險，但是他運用智慧度過難關，更吸引一群弟子跟隨他呢！讓我們來看看孔子的故事吧！

第一幕

△地點：齊國宮殿。

旁　白：春秋時期，魯國自從重用孔丘後，國家越來越強大，引來其他國家的妒忌。

齊國大臣：君主，魯國重用孔丘，恐怕他們很快就會威脅到我們齊國啊！

齊景公：（不高興、驚訝地）什麼？可不能讓魯國太強大啊！快想辦法！

齊國大臣：（露出奸詐的笑容）君主，我突然心生一計，嘻嘻……只要我們這樣這樣（低頭小聲地在齊景公耳邊獻計）

齊景公：（狡詐地邊笑邊點頭！）

第二幕

△地點：夾谷。

旁　　白：齊景公約魯定公會面，打算從中羞辱魯國。

△兩人一見面，互相作揖謙讓，然後一起登上高台坐在席上。

齊國大臣：（走出來說）請觀賞表演！

△一群舞女出現，有人揮舞羽毛、彩帶，轉著圈跳舞到台前，扭腰擺臀，對台上兩位國君頻送秋波。

△孔丘見到，頭上冒出三條黑線，下巴掉到地上。

孔　丘：（眼神轉銳利，大義凌然地走上台階，高聲說）兩國會面這樣正式的場合，竟然出現這種低俗的表演，真不合禮儀，還請大王快速下令撤走。

△齊景公尷尬笑了兩聲，叫一批士兵趕走舞女。

齊國大臣：（走出來高聲說）請下一批表演者出場。

△接著由兩個侏儒一打一鬧笑笑跳跳，走到台前做各種滑稽表演，一點兒也不莊嚴。

孔　丘：（皺眉頭、急急地向前揮舉一只長袖、指向表演者）你們居然在君王會面時如此放肆，作如此的表演想要迷惑君王，罪該萬死，快拉他們下去！

兩個侏儒：（聽到嚇得跪在地上抱在一起）饒命，饒命呀大人！

△士兵架走侏儒。

魯定公：（生氣）看來齊國連最基本的待客之禮都忘了，我們沒什麼好談的。（說完氣沖沖離開。）

△正當眾人離開之際，孔子回頭，正義凜然地看著齊國君主和大臣。

齊景公：（憤怒得跳腳）可惡，本來想要趁機羞辱魯國，沒想到都被孔丘用「缺乏待客之禮」這理由給化解了，這種事情如果傳出去，寡人就成了一個不識禮節的國君，還能治理國家嗎？

第三幕

△地點：齊國和魯國。

旁　　白：齊國知道孔子將魯國治理得這麼好，又感到不高興了。

齊國國君：（生氣）可惡的孔丘！阻撓我的大計，一定要想辦法對付他！

齊國奸臣：（微瞇雙眼、露出一顆金牙奸笑）大王，聽說魯國國君喜歡美女和駿馬，我們可以這個時候送給他，讓他只顧享樂，遠離孔丘，嘿嘿……。

△齊國送了八十位跳舞的美女和三十匹駿馬到魯國城門前。

△魯定公一聽到齊國送禮來，從座位上跳起來，像一陣風奔跑到城門前觀看，像個小孩子。

孔　　丘：（嘆口氣、搖搖頭）會收下敵國贈禮的君王，不是我心目中的明君，看來這裡不是我想待的地方。

△孔子傷心失望地辭了官，離開魯國。

第四幕

△地點：郊外。

旁　　白：離開魯國的孔丘開始周遊列國，尋找賞識他的君主。一天孔丘受到楚國的邀請到楚國當官，卻在前往的途中被人阻撓……。

△陳、蔡兩國派出一群士兵圍住孔丘和弟子的馬車，不讓他們前進。

△字幕出現：七天後……

△幾個弟子餓到病倒了，但孔丘依舊從容地繼續講學、彈琴。

子　路：（急得走來走去，最後站到孔丘跟前）老師，我們已經被困在這裡七天了，您還在這裡上課，真是急死我了！我們正正當當做人，怎麼也會遇到這種壞事？

孔　丘：（放下書本，坦然地說）難道我們只有在舒服的時候才正正當當做人嗎？難道一遇到飢餓、沒錢的時候，就可以降低對自己的要求嗎？難道我們遇到困難的時候就不盡力做好自己應該做的事嗎？這次事件剛好是給我們的考驗啊！你們不要急躁，待老師再想辦法。

孔　丘：（思索一下，忽然靈機一動）子貢，為師派你到楚國找救兵。

△子貢趁士兵不注意，偷偷到楚國通報。

△楚國派軍隊來解圍。

△孔子於是帶領他的學生安全抵達楚國。

第五幕

旁　白：孔子到了楚國後，一直輔佐楚昭王直到昭王去世，孔子才返回自己的國家。雖然他一直周遊列國而不得志，但他勇敢的精神、高尚的品德受到眾多弟子的敬重，回到魯國後，一邊教書、一邊整理書籍，完成了被稱為「六經」的《詩》、《書》、《禮》、《易》、《樂》和

《春秋》的編修，名流千史。

△老年孔子挑燈在竹簡上寫字的樣子，額上的汗珠不停滴下。

子貢

旁　白：我國傳統一直強調尊師重道，這種精神歷經幾千年不變。早期以尊師聞名的是春秋時期的子貢。

第一幕

旁　白：子貢是偉大思想家和教育家孔子的學生，他景仰老師、維護老師。

△場景：魯國，剛上完朝，一群官員在談話。

叔孫武叔：（得意洋洋卻又帶點不屑）人們都說孔子是了不起的人，

　　　　哼！依我看子貢比他厲害。

大夫甲：是嗎？

大夫乙：你這個說法還挺新奇的……哈哈！

△畫面：這幾個人在談話的時候，子服景伯正好站在旁邊，側耳聽著他們講話，然後走開。

景　伯：（疑惑地自言自語）唔，我找子貢問一下……

△畫面：景伯跑到子貢家，見到子貢，跟子貢說了武叔的話（這

裡請不用重複那些對話，可以用輕鬆詼諧的快進形式處理）。

子　貢：（哈哈大笑，接著認真地說）讓我以圍牆來作比喻吧……

子　貢：我家的圍牆只有齊肩高，很容易就可以看到家裡美好的一面，老師家的圍牆卻非常非常高，如果找不到門進去，就不可能看到裡面的富麗堂皇、絢麗多彩。能找到門進去的人少之又少……

△畫面請配合對白，先畫上矮的圍牆，有人在牆外走，眼睛往裡面看，看到美麗的家。再畫上高的圍牆，有人在牆外走，找不到門，漸漸就不耐煩，蹲下來很生氣的樣子（請以輕快、活潑的形式處理這些畫面）。

子　貢：所以武叔那樣講也不足為奇了，哈哈！

△轉回子貢與景伯對話的畫面。

△說完了畫面漸漸暗，然後又一次漸漸轉亮。

子　貢：武叔詆毀我的老師……

△畫面出現一個人在跟子貢講話。

子　貢：（先是不高興，轉而搖頭）唉！我老師仲尼是不可以輕易詆毀的……其他人的賢能就像丘陵，還是可以超越的。但是老師的賢能就好比日月，是我們永遠都不能超越的。人要自己放棄仰望日月的機會，這對日月又有什麼傷害呢？

△畫面請配合對白：先是一人仰望小山丘，很高興的樣子，而且很快就爬上小山丘。接著一個人仰望天空，從白天看到天上的太陽，到晚上看到月亮，想像著要做梯子爬上去；梯子做好了，反覆爬上去，白天伸手想去觸摸太陽，晚上想去觸摸月亮，但都做不到，最後從梯子上掉下來，灰溜溜地走掉，天上的太陽和月亮一副笑眯眯的模樣。

子　　貢：（搖頭嘆息）武叔這個人實在太不自量力了！

△轉回到子貢說話的畫面。

第二幕

旁　白：除了用言語捍衛老師，子貢還用行動表現對老師的敬愛：他聽從老師的吩咐，得到老師的信任。

孔　子：（憂心地）我聽聞齊國有意要出兵攻打魯國。魯國是我們父母之邦，現在我們的國家已如此危險，大家為什麼不挺身而出呢？

子　路：（快速地）老師，我去救援！
孔　子：（搖頭）你為人太衝動了，不適合！
子張、子石：（抱拳作揖）老師，我們去吧。
孔　子：（緩緩地搖頭）還是不合適。
子　貢：（往前抱拳作揖）老師，學生願意為魯國解困，請老師准許。
孔　子：（滿意地微笑點頭）唔，很好，你準備一下，然後出發吧。
子　貢：（跪拜）老師，學生一定不會辜負老師的信任。

旁　白：子貢出發以後，分別游說了齊國、越國、吳國和晉國，成功替魯國解圍。

△畫面請以快進方式表達子貢到了這四個國家，跟國君們講話，各國國君點頭示意，表示接受的樣子。

子　貢：（跪拜）老師，學生回來了。

孔　子：（很高興）很好，你做得很好。

子　貢：老師，這是學生應該做的。老師心懷祖國，學生感動不已，必定盡力而為。

第三幕

旁　白：子貢敬愛老師，一有機會就追隨在老師身邊。即使老師去世了，追隨老師之心，依然不變。

學生們：（悲傷地流淚）老師離我們而去，我們要守在老師墓邊，為老師守喪。

子　貢：（悲傷地流淚）唔，這是我們學生應該做的。

△畫面子貢等學生跪在孔子墓前，旁邊有幾間草蘆。接下來弟子們的身影漸漸隱去，然後畫面出現四季的變化，表示時間流逝。

學生甲：我們已經守喪三年，可以各自回家了。

學生們：（點頭）唔，大家珍重。

子　貢：（不開心）我捨不得老師，想留下來再守候一段時間，你們先回去吧。

△畫面：學生們紛紛離開。

△畫面再次出現四季變化：春天，子貢跪在墓前；夏天在墓前除草；秋天在草蘆旁邊手捧書本，仰望夕陽；冬天在草蘆邊仰望天上的月亮。

旁　　白：不知不覺又過了三年，子貢前後為老師守喪六年，最後才依依不捨地離開。

第四幕

旁　　白：子貢對老師的敬愛、景仰不僅表現在老師在生之時，孔子去世後，他事奉之心依然不變。

廉頗和藺相如

旁　白：戰國時期，趙國大將廉頗起初看不起也不尊重出身低微的藺相如，但是後來兩人卻成為生死之交，前後變化這麼大，到底中間發生了什麼事呢？

第一幕

趙惠王：（很是苦惱）秦王最近知道我得到寶玉和氏璧，想用十五座城池來跟我交換。我知道秦王不會真的拿十五座城池來交換，可是如果拒絕他，又怕他會出兵攻打我們。愛卿們，誰能出使秦國替寡人解決這個難題？

繆　賢：（站出列中）臣推薦藺相如，他雖然只是我的賓客，但智勇雙全，一定會不負所托。

第二幕

△畫面切到秦國宮殿上，秦王坐在中央，藺相如奉璧站在殿中央。

藺相如：（跪拜）大王，臣奉上和氏璧。

秦　王：（張狂無禮地）好，哈哈！

△畫面：秦王接過來，大喜，但輕佻地看了看，然後傳給身邊的

美人。

藺相如：（看了看秦王，然後走近秦王說）大王，寶玉有瑕疵，請讓我指給你看。

△畫面：藺相如取得玉，往後退，靠著柱子，怒髮衝冠。

藺相如：（生氣地）趙王知道大王想要寶玉，召集群臣相議，大家都說秦國貪婪，只想得到寶玉，並不想以城池交換。臣說平民百姓都不互相欺騙，更何況是秦這樣的大國呢？可是，剛才看大王的態度，並無意交出城池，臣只好取回和氏璧。大王肯定生氣，臣如今只好連人頭帶玉一併撞碎在柱子上。

秦　王：（又吃驚又捨不得寶玉）藺大人別急，我遲些時候自然會送上城池。

藺相如：（暗暗地想）秦王肯定不會交出城池。（停一停說）大王，和氏璧是天下所共傳的寶物，趙王命臣將它送來之前，先齋戒五天，今大王也應該齋戒五天，臣再奉上這件寶物。

秦　王：（忍住不快，帶點怒氣）哼，好。

△畫面切到藺相如在房間，跟他的隨從講話。

藺相如：（輕聲地）我看秦王一定不會守約交出城池，你喬裝打扮，連夜悄悄地將和氏璧帶回趙國。

隨　從：是。

旁　白：五天後，秦王知道藺相如已將寶玉送回趙國，雖然秦王很生氣，但不想就此絕了秦趙的關係，於是放他回趙國。

△畫面出現藺相如在回國的路上。

第三幕

旁　白：藺相如立了功，回國後被拜為上大夫，後來又在澠池之會立功，被拜為上卿，地位高於屢立戰功的廉頗將軍。

△畫面出現趙國宮殿上，相如被封上卿的情景。

△畫面切到廉頗家。

廉　頗：（很生氣，跟身邊人大聲講）我是趙國大將，征戰無數，而藺相如只是動動嘴皮子而已，屈居在這樣的人之下，真讓人生氣。哼！下次我見到他，一定要羞辱他！

△畫面切到趙國宮殿上，畫面出現群臣在議論。

臣　甲：最近藺大人沒有上朝。

臣　乙：是呀，聽說是病了！

△畫面切到街上，廉頗坐在車上，遠處出現藺相如坐在車上，接著

鏡頭聚焦在藺相如那裡。

藺相如：（鎮定地輕聲跟隨從說）廉將軍的車就在前面，我們避開他吧。

△相如的車轉到小路上。

△畫面：藺相如回到家，家中有其門客聚集。

門　客：（疑惑、不開心地）大人的地位比廉頗高，可是你卻因為怕他而不上朝，連在路上碰到他也要躲開。大人的膽怯，實在讓我們看不下去了！

藺相如：（溫和地）各位，請想一想我連強大的秦王都不懼怕，為何要怕廉將軍呢？

△畫面：門客們相視，搖頭表示不解。

藺相如：強大而貪心的秦國之所以不敢入侵我國，正是因為有廉將軍和我在。如果我和廉將軍不和，兩虎相鬥，必有一傷，秦國就會趁機入侵了。

旁　白：藺相如的想法輾轉傳到廉頗那裡……

△畫面出現一隨從在廉頗耳邊輕聲講話，廉頗感到很羞愧、低下頭。

△下一個畫面：廉頗沒穿上衣，背著荊條，到了藺相如家。

廉　頗：（羞愧地，向著藺相如深深鞠躬）我是個粗野的人，不知大人拋開私人恩怨，以國家為重，而我之前只顧著自己的感受，實在慚愧。請大人恕罪。

藺相如：（連忙親自為他解去荊杖，扶起廉頗）將軍言重了，將軍的胸懷，也讓我非常敬佩，過去的事情不要再提了。

△畫面出現兩人握著手，臉上露出笑容。

旁　白：廉頗知道藺相如以國家為重，立刻心生敬意，兩人惺惺相惜，互相尊重，成為生死與共的好友。

屈原

序幕

旁　白：一說到中國重要的節日端午節，你會想到誰？沒錯，就是屈原！屈原很有才華，他不只寫出了〈離騷〉這樣好的文章，還懂得治理國家的道理，而且對國家非常忠心。讓我們一起來看看他的故事吧！

第一幕

旁　白：屈原是楚國的貴族，他原本擔任楚國高官，楚懷王很信任他。

△楚國宮殿上，楚懷王和屈原正在商議政事。

楚懷王：（點頭微笑）屈愛卿，下個月派你出使齊國。你精通歷史和治國之道，就由你負責草擬法令吧。

屈　原：（作揖）遵命！

旁　白：但是，其他臣子卻妒忌屈原，想盡辦法陷害他。

△殿側，另一名大臣——靳尚非常妒忌屈原，表情猙獰。

△靳尚趁屈原離開，偷偷走到楚懷王跟前說屈原的壞話。

靳　尚：（虛假）大王，屈原此人很自大，甚至私底下詆毀大王你呢！

楚懷王：（驚怒）什麼？此話當真？

旁　白：因為上官大夫的讒言，楚懷王漸漸疏離屈原……

第二幕

旁　白：這個時候，楚國原本和齊國合力對抗敵人秦國。

△畫面出現：楚齊兩國握手的情景。

旁　白：秦國為了破壞他們的關係，便派張儀到楚國挑撥離間。

△畫面出現：張儀說得天花亂墜的情景。

旁　白：沒有屈原在身邊，楚懷王一時糊塗，便答應和齊國絕交。事後發現這是秦國的詭計。

楚懷王：（生氣、大怒）可惡的張儀，竟敢欺騙寡人，還讓我斷絕和齊國之間的友誼，非殺了他不可。來人啊！派兵攻打秦國，要秦國交出張儀！

△秦楚戰爭。

旁　白：此時，秦國趕緊將張儀交給楚國處置。

楚懷王：（凶狠）把張儀拖下去砍頭！

鄭　袖：（走到楚懷王身邊）君王，請等一等。張儀這人騙了您，固然非常可惡，但秦國派張儀來道歉，也是尊敬您啊，萬一您殺了他，秦王必定大怒而攻打楚國，那就不好了。

△此時畫面出現大特寫：鄭袖眼睛向上斜看，笑著回想。接著，鏡頭拉遠，鄭袖還是眼睛向上斜看，同時畫面右上角出現張儀送了許多金銀珠寶給她。

楚懷王：（眼睛冒出愛心，同意寵妃）愛妃說的有道理。那好吧，來人啊，把張儀放走！

旁　白：屈原這時剛從齊國回來，立即跑去見楚懷王。

△楚國宮殿上，楚懷王和屈原說話。

屈　原：大王，發現張儀這人實在太可惡，請快下令殺了他。

楚懷王：（吞吞吐吐、不知所措）這個……我……唉，我早已經放走了他，現在要追也來不及了。

屈　原：（震驚）什麼!?放走了？

△屈原看著楚懷王，失望地嘆口氣，搖搖頭難過地轉身離開。

第三幕

旁　白：十多年後，楚國奸臣當道，屈原因為不想和他們同流合汙，被放逐到遍遠的地方去。

△屈原面容憔悴地走到江邊。

屈　原：（苦笑、自言自語）唉！君王不聽我勸告，我又不想和壞人同流合汙，所以就被放逐了。（繼續自言自語。搖頭否定，然後又立刻堅定地）我無論如何也不願意隨波逐流。

△屈原說完，畫面變黑，隨著一聲「撲通」入水聲。

旁　白：（唸詩）路曼曼而修遠兮，吾將上下而求索——

△畫面出現這一詩句。

旁　白：屈原就這樣含冤死去。

第四幕

△地點：汨羅江邊。

居民們：（傷心流淚）屈原大人一生忠心愛國，我們一直都很敬佩他。（突然想到）不如我們包些食物丟入河裡，引開那些魚，希望我們可以快點找到屈大人。

△一些居民忙著用竹葉包著米，綁成粽子。

△一些居民拿著這些粽子投入江中給魚吃，繼續在船上尋找屈原。

第五幕

旁　白：為了紀念屈原的愛國精神，每年的五月五日，也就是端午節這一天，中國各地的人民均會包粽子和觀賞龍舟競賽，共同紀念這位愛國詩人。

△畫面再細分為幾個小畫面，顯示不同地方的人在端午節這一天划龍舟、敲鑼打鼓、包粽子等景象。

緹縈

旁　白：漢代有一位女孩子，她的孝行為《史記》、《漢書》等著名史書所記載。她是誰呢？她就是淳于緹縈，讓我們一起看看她的故事吧。

第一幕

△緹縈十五歲左右、姊姊們十六至二十歲左右，在家裡的花園。

緹　縈：（擔憂地）姊姊，父親被告受賄，很快就要被押送到京城長安接受肉刑，這如何是好？

大　姊：（擔憂地）父親要是受肉刑，要麼臉上被刺字，要麼被割去鼻子，要麼被斬掉肢體，這樣的刑罰用在父親身

上，實在是不敢想像……（說著說著就哭起了，接著四位妹妹也哭起來）

姊姊們：（邊哭邊說）而且從我們家到長安，路途遙遠，父親一路上肯定要吃不少苦！

緹　縈：（傷心邊說邊回想）昨天父親回家時很不開心……

△回想：畫面轉到昨天緹縈父親與他們姊妹五人在客廳。

父　親：（不開心）可惜我只有妳們五個女兒，沒有兒子，危急時刻也沒人能幫忙。唉！

緹　縈：（聽了父親的話很不開心，滿懷心事）父親！

緹　縈：（向著姊姊們說）昨天我聽了父親的話後很傷心，我想為父親做點事。

△接下來畫面又回到花園。

△畫面：姊姊們驚訝地看著緹縈。

緹　縈：（堅定地）我決心跟父親一起到長安，再設法解救。

第二幕

旁　白：緹縈跟父親西去長安，一路上悉心照顧父親。到了長安，緹縈的父親便被押入獄中。（畫面請配合）

緹　縈：（在大獄外，焦急擔心地）我一定要救父親，一定要。（來回踱步想方法，突然臉上出現希望的神色）既然我現在身在京城，我何不上書當今的皇上。

△畫面切到緹縈伏案寫字。

緹　縈：寫好了，可是這封信怎麼能到皇上手上呢？（低頭沉思了一會，然後抬頭）唔，明天我帶著信，跪在皇宮外，希望有機會將信送到皇上手中。

△緹縈跪在皇宮外。

皇宮守衛：小姑娘，妳在這裡跪了很久了，還是回去吧。

緹　縈：為了救我父親，我要繼續等下去。

旁　白：時間一點一點過去，四下一片寂靜。緹縈想到父親要受刑，心裡難受，禁不住高歌以表達她的憂傷。

△畫面：緹縈高歌；配上音樂和歌。

第三幕

△畫面：漢文帝與侍衛正向宮門走去。

漢文帝：（疑惑地）怎麼會有年輕女子在宮門外高歌呢？她的歌聲怎麼如此悲傷？來人，傳這個女子上殿。

侍　衛：是，陛下。

△畫面：漢文帝坐在大殿上，緹縈跪著。

漢文帝：（向緹縈提問）妳因何傷心高歌呢？莫非有什麼冤情？

緹　縈：皇上，我父親為官，當地人都說他清廉公平，如今犯法應當受刑。但是，我為因受刑而去世的人而悲傷，為受刑而失去肢體的人而悲傷。人去世了就不能復生，失去了肢體就不能再長出來，這樣的話他們即使想要改過自新，也沒辦法、沒機會了。（說完了傷心地哭起來）

漢文帝：（被打動。停頓一會後對緹縈說）我應該像父母對兒女那樣愛護我的人民。我決定從今以後廢除肉刑。

緹　縈：（欣喜感激地）謝皇上。

旁　白：著名的歷史學家班固有一句詩說：「百男何憒憒，不如一緹縈」，講的就是小女孩緹縈救父的故事。

張騫

第一幕

旁白：漢朝自高祖起，就不斷受匈奴入侵，到武帝時，有一天……

武帝：（坐在大殿上）各位大臣，我想聯合也被匈奴欺負的大月氏，一起消滅匈奴，以免他再來騷擾我們。有誰願意去？

張騫：（從人群中站出來）皇上，臣願意。臣不怕前面有多危險，一定要完成使命。（走到甘父跟前）甘父，你從匈奴來，熟悉那裡的環境，你願意跟我一同前往嗎？

甘　父：（點頭）當然願意。

旁　白：張騫、甘父和百多人一同出發。

第二幕

旁　　白：張騫、甘父等到了匈奴境內，不幸被匈奴人發現，然後被抓住。

△畫面出現匈奴抓張騫和甘父。

△下一個畫面：單于宮殿上，張騫和甘父被綁著站在殿中央。

單　于：（坐在大王的寶座上，奸笑）張騫，你們實在太大膽了，想要經過我的領地到大月氏商量如何消滅我，（哈哈）我怎麼能放過你們。來人，將他們囚禁起來。哼哼！我看你怎麼逃出我的掌心。（再一次奸笑）

△畫面出現張騫和甘父在放牧。

旁　白：就這樣張騫和甘父被俘十幾年，然而他們日日夜夜都在思念自己的國家——漢朝。每天都想找機會逃走，一天機會來了……

張　騫：（機警地、行動迅速地走到甘父面前，悄聲說）時機到了，今天就是我們離匈奴的日子，就算再艱難，我們也要完成使命。

甘　父：（精神振奮地說）對。我們一定要完成使命。

第三幕

旁　　白：張騫、甘父逃出匈奴，途經大宛。

△畫面出現大宛國王的王宮，大宛王坐在殿上，張騫和甘父在殿中。

大宛王：（坐在大王寶座上，一臉不在乎的樣子），你們來我國家有什麼事呀？

張　騫：我們奉皇帝之命，要聯合大月氏消滅匈奴，現途經貴境，
希望大王助我。

大宛王：助你！對我有什麼好處？（用手抓下巴）

張　騫：（自信地）大王如果願意相助，等我們回到漢土，一定
給大王送來金銀珠寶。

大宛王：（興奮，眼睛突出，從坐位上彈起）真的嗎？

甘　父：（上前）當然，我們說到做到，絕不食言。

旁　白：大宛王立刻派人送張騫、甘父前往大月氏。

第四幕

△畫面直接出現大月氏宮殿內，大月氏王坐殿上，張騫等在殿中。

大月氏王：（坐在寶座上，一臉享受生活的樣子）你們到我這裡來有何事？

張　騫：（堅定地、有勇氣地）大王，我們聯合一起消滅匈奴，我大漢兵強國富，一定可以馬到功成。

大月氏王：（膽怯地）不行、不行，一旦跟你們聯合，我就沒有醇酒美人享受了。

張騫：（鄙視地）遇到困難就退縮，非大丈夫所為。甘父，我們先回國，向皇上報告我們的所見所聞。

甘父：好。

第五幕

旁　　白：幾經艱辛，張騫終於回到自己的國家——漢朝。

△畫面出現漢朝宮殿，皇上坐在殿上，張騫在殿下。

張　　騫：（向皇上報告）啟稟皇上，臣這次出使，途經許多國家，熟知他們內部的情況，現已向皇上報告完畢。臣認為出使雖然要冒險，但有利於我國聲威的傳播，我們可以與許許多多的國家交換不同物產，增進彼此的了解，臣覺得很值。

旁　白：不久張騫和手下又再一次出使，又跟許多國家有文化和經濟交流。這一次他還帶了數十位烏孫國人到了漢土。

△畫面出現烏孫國大使，背景在不斷變動，建議出現一些畫面顯示漢朝兵強、漢朝很富有，人多地廣。

△畫面不斷變動的同時烏孫國大使說話。

烏孫大使：（驚訝、羨慕地）常聽說漢朝兵強國富，人多地廣，今日親到才知道這一切都是真的。我們以後要不斷與漢來往，互相溝通。

旁　白：張騫出西域具有深遠的文化意義，開通了我們現在所說的「絲綢之路」，為日後漢地與西域，甚至更遠的國家的經濟文化交流奠定了基礎，也有利各國的相互了解。

關羽

旁白：大家有沒有聽過關公這個人物呢？原來他就是東漢末年的關羽。關羽是個講誠信的人，讓我們一起來看看他的故事。

第一幕

關羽：唉！現在國家陷於內亂，聽說漢朝宗室劉備在涿郡聚集人馬，為復興漢室而戰，我這就去投奔他，希望能為國家平亂盡點綿力。

△畫面：戰亂的場面，在戰亂的背景上出現關羽背著包袱趕路，然後劉備在聚集人馬。

旁白：關羽在涿郡與劉備相遇，兩人經常飲酒談天到夜深，情若兄弟。外出人多時，他總與張飛一起站在劉備身後保護他。關羽還跟隨劉備南征北戰。

△隨著旁白畫面出現：一、關羽向劉備跪拜；二、劉關在屋子裡秉燭長談；三、劉備坐在椅子上與群雄見面，關張站在他後面；四、劉關張三人一起在戰場上奮勇作戰。

△畫面變暗。

旁白：公元二〇〇年，曹操舉兵攻打劉備，關羽力戰曹兵，可惜寡不敵眾！

△畫面再次亮起來，關羽在戰場上與曹軍奮力作戰，漸漸被曹軍包圍。

關羽：（很累的樣子）曹軍人多勢眾，我軍難與抗衡，看來這次必敗無疑。只是不知兄長此時身在何方？是否平安？真讓人擔憂！

△畫面：關羽被曹軍包圍，士兵們正向他慢慢逼近。關羽站在中心一動不動。士兵們繼續向他逼近。接著畫面變黑。

第二幕

△畫面再次亮起，曹營大廳上，關羽被繩子綁著，曹操急步向關羽走過去，迅速為關羽解開繩子。

曹操：（發怒向著士兵們）你們竟然敢這樣對關將軍。（殷勤地向關羽）關將軍請上坐。久仰關將軍威名，今日難得一聚，實在是人生一大樂事！

關羽：（平靜地）謝丞相。

曹操：（殷勤地）關將軍，能留你在此，簡直就是如虎添翼。今拜你為偏將軍，並賜大宅一所。請將軍先回府休息，黃金珠寶，馬上送到將軍府上。

關羽：（不為所動）謝丞相厚愛。

△畫面：關羽不為功名和財富所動，樣子顯得很漠然，說完了就沒精打采地離開。

曹操：（有點不開心，心裡想著）關將軍他……

曹

△畫面切換到關羽站在一所大宅外，頭往上看（這裡用遠鏡頭）。然後換成近鏡，焦點放在關羽的臉，關羽若有所思。

關羽：（擔憂地）不知兄長現在身在何方！（說完了慢慢步入府裡）

△關羽在自己府裡的大廳。

家丁：（高興地，忘形地）將軍，將將將……軍……丞相送來了好多箱金銀財寶呀！請將軍過目。

關羽：（不為所動）絕不要打開這些東西，將它們原封不動地放在房間裡，誰也不許碰，將來要全部歸還丞相的。（說完離開大廳）

△畫面切換到曹操和張遼在曹府大廳裡談話。

曹操：張將軍，我看關將軍並沒有久留之意。你跟他是舊交，請替我去探聽一下情況吧！

張遼：是，丞相。

△畫面切換到關羽和張遼在關府大廳裡談話。

張遼：關將軍，丞相對你非常器重，希望你能留在他身邊，為他出力。丞相的心意想必你是知道的。

關羽：張將軍，我深知丞相對我好，所以我必須坦誠相告：我深受劉將軍的大恩，誓與他同生共死，絕不能見利忘義，背棄劉將軍。我不能久留在丞相身邊。但我會先報答丞相然後才離開。

△張遼聽了，先是佩服，繼而失望，但也無計可施。畫面漸暗。

第三幕

旁白：同年，袁紹大舉討伐曹操，雙方戰於白馬。曹操命關羽和張遼為先鋒。

△畫面：戰場上，袁紹軍隊與曹操軍隊激戰。袁軍大將顏良身旁有旌旗高高舉起。關羽在戰場上奮勇殺敵。

△畫面：關羽騎著赤兔馬在遠處觀察。

關羽：（機智自信地）為丞相立功的機會到了。

△畫面：說完了向著旌旗的方向衝過去，千軍萬馬在他前面，他依然英勇地衝過去。

關羽：（大叫）顏良，拿命來！

△畫面：關羽接著看到顏良，跟他大戰了一會，戰勝並斬殺了顏良，然後畫面變黑。

△畫面切換到丞相府。

曹操：（殷勤地）關將軍神勇，在千軍萬馬中斬殺敵將顏良，為我軍立了大功。今拜將軍為漢壽亭侯，並賜予黃金財寶。

△畫面：聽曹操說完，關羽拜謝，但臉上淡淡的，並沒有顯出開心的神色。

△下一個畫面，關羽府上，關羽在案上寫信，接著聚焦信封面，上面寫著「曹丞相親啟」。

關羽：（高興地站起來）慶幸順利立功，現在可以安心離開曹營，跟兄長重聚了。

△畫面：關羽站在府外，上馬。之後用遠鏡頭，鏡頭裡關羽策馬趕路，跑了良久，劉備站在前方，關羽立刻下馬奔跑過去，然後跪下，劉備立刻雙手將他扶起。兩人喜極而泣。

旁白：關羽在危難之際既不辜負自己立誓生死追隨的劉備，也不欺騙對己有恩的敵人曹操，履行報效的承諾，不愧是一個言而有信的人。

包拯

旁　白：民間傳說有一位黑面的人物，他善於斷案，公正嚴明，不畏權貴，你們知道他是誰嗎？沒錯，他就是北宋時期的包拯，人們叫他包公或者包青天。

第一幕

△包拯此時約三十歲。
△場景：包拯和父母在家，包向父母行禮。

包　拯：（包起身後向父母說）朝廷體恤孩兒，讓孩兒出任離家不遠的和州任職，孩兒很快就要出發就任了，等孩兒安排好一切，立刻派人回來接二老。

包父母：嗯，好。孩兒放心前去，不必擔心。

旁　白：包拯安定下來，於是派人前來接父母前去。

△畫面：包的手下到了包拯父母家，向二老行禮。

包父母：（對包拯派來的人說）我倆老了，不想離家，請轉告我兒。

△畫面轉到包拯收到消息。

包　拯：父母對我恩重如山，既然他們不想離家，我這就辭官回去，留在他們身邊。

旁　白：包拯辭官回家事奉父母，數年後，其父母相繼去世。為了盡孝，在雙親墓旁搭一草廬服三年之喪。

△畫面：包拯在草廬服喪，冬去春來，春去冬來。

旁　白：服喪期到了，鄉里父老知道包拯有德有才，應為國家作貢獻，於是前去勸勉，包拯不捨地離開雙親的墳墓去當知縣。一天有一個農民前來告狀……

第二幕

△包拯此時四十歲左右。

農民甲：（哭訴）包大人，我家的牛被人割掉了舌頭，活不成了。

包　拯：（摸著鬍子，兩眼搖動，在想這個案件，然後一邊點頭，心裡說：唔，我明白是怎麼回事了）

包　拯：（跟平民甲說）你回家將牛宰了賣牛肉。

農民甲：（有點不安）包大人，私自宰殺耕牛可是犯法的呀……

包　拯：不怕，我自有主張。

△農民乙偷偷地窺探農民甲家裡宰牛，然後立刻急匆匆跑到衙門告狀。

農民乙：包大人，我知道有人私自宰殺耕牛，我要告他。

包　拯：（嚴厲地看著他，質問）你為何割掉人家那頭牛的舌頭呢!?

農民乙：（非常驚訝，隨後折服）包大人，我錯了。你是怎麼知道牛舌頭是我割的呢？

包　拯：割牛舌本身無利可圖，推斷應是兩家人之間的恩怨，於是命他（手指農民甲）將牛宰了來引你自投羅網。來人，將犯人押下。

△兩衙差押走犯人。

旁　白：包拯除了有智慧，善於斷案，還不畏權貴，為民作主。

第三幕

△場景：狂風大雨，河邊接連有庭園，離河遠一點點有許多平民的房子。

平民甲：（擔憂地跟鄉鄰說）不好了，看這河水，怕是要水災了，怎麼辦呀？

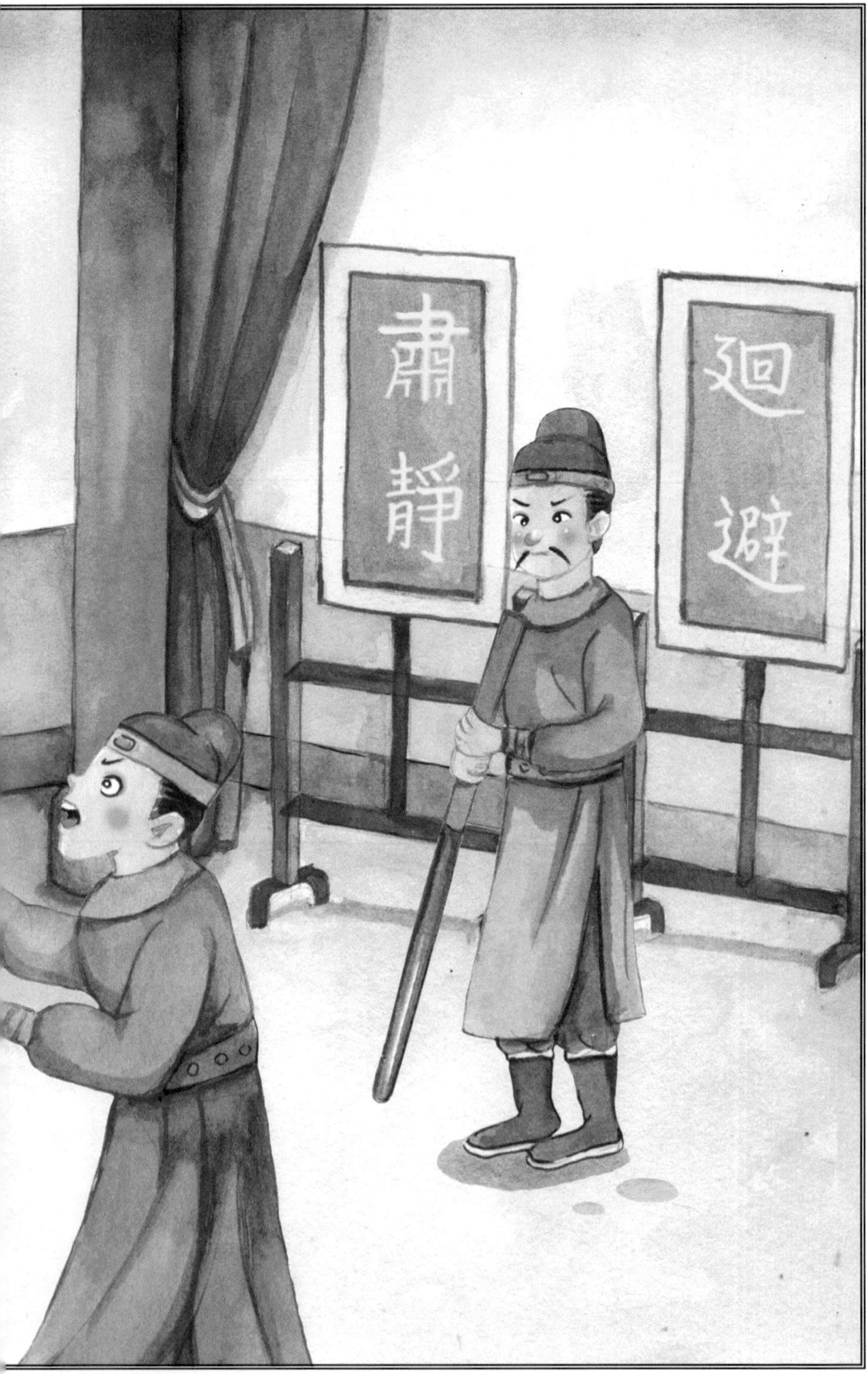
肅靜
迴避

△話剛說完，就發大水了。

包　拯：（在衙門內來回踱步，為民眾擔憂的樣子）今年發大水，百姓受苦，查明原因，是河道被權貴侵占以後變窄。（摸著鬍子思考，臉上出現堅定的神情）有了，我立即派人將那些庭園拆了。

△接下來畫面出現包拯在河邊監督手下拆掉庭園。

權貴們：（其中一人說）包拯，你好大膽子，敢拆了我們的庭園！

包　拯：（正義凜然地）你們侵占河道，令其阻塞不通，大雨來了，發大水，苦了老百姓，我要為百姓出頭，絕不讓你們胡作非為。（說完了揚長而去。）

△權貴們很生氣，但又無話可說。

第四幕

旁　白：包拯為人極為孝順，機智有才能，他一身正氣，不畏權貴，是歷史上出名的孝子和清官，值得我們好好學習。

鄭成功

旁　白：鄭成功是明末愛國將領，他不屈不撓抗擊外敵，為後人所景仰。讓我們一起看看他的事蹟吧！

第一幕

△此時鄭成功約二十三歲。

旁　白：明末清兵入關，先後占領中原和南方。鄭成功及其父親鄭芝龍此時身在福建……

△清兵打進北京、後又到南京，然後鏡頭轉到鄭成功。

龍／功：唐王，為了國家的將來，臣等請您繼承皇位。

唐　王：此時此刻，也只能如此。

△畫面出現唐王即位。

唐　王：（向鄭成功講話）今朕繼承先帝遺志，決意全力北伐。
愛卿年輕英勇，朕賜你國姓，並替你改名「成功」。

鄭成功：謝皇上恩典。

第二幕

△此時鄭成功三十多歲。

旁　　白：隨後十幾年鄭成功一直抗清，保衛國家。清廷多次派使者招降，但都被他拒絕。

△畫面出現鄭成功與清兵交戰，清派人招降鄭成功。

鄭成功：眾將士，我軍已集結足夠的兵力，是時候再度北伐了。

眾將士：（齊聲喊）跟隨將軍，保家衛國！

旁　白：鄭成功的軍隊原本取得了巨大的勝利，並包圍南京，可惜因清人的緩兵之計，功敗垂成。但鄭成功沒有放棄，並想出一個新計畫。

△畫面出現鄭軍隊攻陷了許多江南城市，然後軍隊包圍南京城。接下來特寫清人奸笑，然後鄭成功軍隊失利。

第三幕

鄭成功：各位將領，為了能長期抗清，我決定驅逐占領了台灣的荷蘭人，以台灣為我軍根據地。

眾將士：是，聽從將軍的指揮！

鄭成功：眾將士，我們連日行軍，今天天色已晚，傳令下去，先在澎湖休息一晚，天明後繼續前進。

旁　白：正當鄭成功一行人在澎湖休息的時候，海上突然起風暴，而且兩天都沒有停下來……

△畫面上看到海上波濤洶湧。

鄭成功：（心急如焚地來回踱步）狂風暴雨已經兩天了，將士們的鬥志會不會受影響呢!?我要親自到各艦船上視察，鼓舞眾人的士氣。

△畫面：鄭成功到船上視察，將士們個個精神奕奕地迎接。

鄭成功：（自信堅決的神情）眾將士，我們在這裡已經三天了，我決定今晚起行，繼續前進！

眾將士：將軍，現在風大浪險，恐怕不太適合。

鄭成功：（滿懷信心）現在不是颱風季節，這些風雨阻擋不了我們。眾將士不必懼怕，依次前進。

旁　白：果然船隊起行不久，忽然雲收雨散風平浪靜，將士無不歡呼。（請畫面配合）

第四幕

旁　　白：次日早上荷蘭總督發現海邊出現大批軍隊，大驚失色。

荷蘭總督：（慌張地）來……來人啊，有敵人呀！

旁　　白：荷蘭人此戰被打得潰不成軍，於是派出使者求見鄭成功。

△畫面出現雙方交戰，荷蘭人敗。

荷蘭使者：鄭將軍，總督派我前來，希望能通過賠款結束這場戰爭。

鄭成功：（大義凜然地）不可能，你們侵占了這片土地，掠奪財富，欺壓我們的人民，我怎麼能饒過你們？

旁　白：鄭成功拒絕錢財，派兵圍困荷軍數月，荷蘭人投降。最終鄭成功收復了台灣。

鄭成功：（向老百姓講話）各位父老鄉親，這些欺壓百姓的外國人被我們趕走了，從今往後我打算讓士兵們幫助大家開墾農地，讓大家以後過上繁榮安定的好日子。

△畫面出現士兵幫百姓開墾的情況。

旁　白：鄭成功在國家危亡之際挺身而出，將荷蘭殖民者驅離台灣，為當地百姓謀福利。他的情操和功績，永留我們心中。

鄭

豐子愷

旁　白：豐子愷是近代有名的漫畫家、散文家，他對身邊的人、兒童、受苦受難的人的關愛，充分表現在他的作品裡。

第一幕

△此時豐子愷約二十八歲。

旁　白：抗日戰爭之前，豐子愷一家在上海過著和平、安逸的日子。一天，豐子愷和家人在院子裡。

△畫面：先出現上海城隍廟、豫園的風光，再轉到豐子愷家，他坐

在藤椅上，慈愛地看著三個孩子在庭院中央玩遊戲。

阿　寶：（八歲的女兒，拿起圓凳子翻轉，笑嘻嘻地說）阿韋（三歲的兒子），你坐在裡面，軟軟（六歲的女兒），我們一起抬起他。

阿　韋：（開心地跑過去坐下去）姊姊，我坐好了。

△畫面：阿寶和軟軟一前一後抬著阿韋，阿韋坐在中央開心地笑。不一會兒，阿韋跌在地上，大哭，阿寶和軟軟害怕地呆呆看著阿韋。

乳　母：（急急跑過來抱起阿韋）是誰不乖害阿韋跌倒？

阿　寶：軟軟不乖。

軟　軟：阿寶不乖。

阿　寶：軟軟不乖，我乖。

軟　軟：阿寶不乖，我乖。

阿　寶：（哭著說）我乖我乖。

軟　軟：（哭著說）我乖我乖。

豐子愷：阿寶、軟軟、阿韋都是乖孩子，都不哭。

△畫面：豐子愷一邊說一邊擁抱三個孩子，孩子破涕為笑，又跑

去玩。

豐子愷：（微笑地看著三個孩子的身影，一邊心裡想）小孩子是純潔的，不會假謙虛，直接就說自己好、自己乖，他們澈底地誠實，不虛飾。

第二幕

△豐子愷約三十四歲。

旁　白：幾年後日本侵華，豐子愷一家開始逃難的日子。

△畫面：日軍轟炸上海，豐子愷一家逃難。

旁　白：一次他們逃到了滬江大學，暫時住了下來。

△畫面：家裡四個十歲以下的孩子在牆壁上畫畫。

豐子愷：（向孩子走過去）你們在牆壁畫些什麼？

華　瞻：（四歲的兒子指著牆上的畫說）爸爸，我們在畫船、畫橋……

△畫面轉到牆上的畫，有輪船、帆船、亭子、石橋等。

豐子愷：（和藹地）這些東西當中你最喜歡哪一樣呀？

華　瞻：（天真地想了一會）唔……我喜歡逃難，逃難可以看到這個、這個和這個。（畫面出現華瞻邊說邊指著船，亭子、石橋等圖畫，然後繼續畫畫）

豐子愷：（先是有點驚訝，然後若有所思地自言自語）小孩子總能在萬事萬物中看到美好。我要學習他們，不能因為戰亂而變得痳木不仁，減少對身邊的人和事的欣賞和關心。

第三幕

△豐子愷約四十歲。

旁　白：隨著敵人步步進逼，接下來幾年，豐子愷一家還是過著逃難的日子。

△畫面出現轟炸的場面，豐家逃經湖南和廣西等地。

旁　白：有一天，豐子愷在學校裡教漫畫，宣傳藝術。

△畫面轉到簡陋的教室。

學生們：（五、六個學生站在壁報前，其中一人手指其中一幅畫）
　　你們看這幅畫……（接下來，其他學生大笑）

豐子愷：（好奇地、溫和地）你們在笑什麼呢？是不是老師的畫倒
　　過來掛了？

學生們：（邊笑邊說）這個母親背著沒有頭的孩子向防空洞狂奔……
　　哈哈哈……太可笑了！

豐子愷：（被學生的話驚呆了，轉而不快，然後傷感）你們知道這幅畫是根據真人真事所畫的嗎？畫中那個母親因傷心過度而去世，只剩下父親孤零零一個人活在亂世裡。

△畫面：先表現豐子愷的神態，接下來，豐子愷一邊講，畫面一邊表現那群學生的臉色已變，他們已收起笑容，並表示同情。

豐子愷：（接著講）人的心腸並非木石，我們對同胞受難，怎能沒有同情之心？我們對受難的人，怎能沒有關愛之意？

學生們：（後悔地）老師，對不起。

旁　白：幸好，學生們都被老師的話打動了。黃昏，豐子愷下課回到家裡。

△畫面：豐家，六個兒女，十到十八歲，高興地看到父親回家。

小女兒：（十歲，高興地）爸爸，今天媽媽說我快要當姊姊了。

豐子愷：（愉快地）是的，我給妳弟弟或妹妹取名叫「新枚」。

大女兒：（十八歲）爸爸，新枚，有什麼深義嗎？

豐子愷：戰爭中我國少了許多人口，正好我們家能為國家添一個新的國民，就像是被砍伐的大樹，生機不絕地長出新芽。

（說完了就問大女兒）阿寶，請妳找人來修整一下牛棚給新枚住。

小女兒：（天真地拍手）好呀，新枚住牛棚，將來定會力大如牛。

豐子愷：（表示讚賞，撫摸女兒的頭髮）好，力大如牛，可以衝散敵陣，或者至少能種田，幫助世間餓肚子、吃不飽的人。

旁　白：豐子愷在十多年的戰亂裡顛沛流離，仍然不忘關懷愛護孩子，不忘對身邊人和同胞的關懷和同情之心。他的為人處世之道，很值得我們學習。

盧梭式的歷史教育：以動畫劇本張騫的編寫為例

前言

香港教育大學於二〇一八年推出第一輯「看動畫，學歷史」的項目，第一輯動畫共十集，以中國歷史上十個重要人物的生平故事為中心，全部根據嚴肅史料編寫，目的是培養小學高年級和初中學生對中國歷史文化的熱愛。這個計畫可以歸類為歷史教育。盧梭（Jean-Jacques Rousseau，一七一二—一七七八）在他的名著《愛彌兒》（*Émile*）中不時提到歷史教育和歷史書寫。盧梭的觀點有助於我們現代人反省相關的問題。本文試圖結合盧梭有關歷史教育的理論，探討我們嘗試將張騫通西域的歷史（十集動畫中的一集）介紹給年輕學生時，如何重新解讀文獻並以戲劇化的形式再現這段史實，以培養年輕學生的道德涵養，讓他們理解自己和別人的生命意義。

近年有學者從歷史教育著手，探討盧梭的教育思想的具體施行方法，亦有學者關注盧梭的歷史書寫是如何與歷史教育的主張互相配合。于書娟和周雲認為盧梭對歷史的態度是服務於其改造人類社會道德的宏大藍圖，他主張的歷史教育只是整個道德教育體系的其中一環，旨在令年輕學生於進入社會前，通過學習歷史來研究人類和社會，豐富自身的道德涵養。[1] 于書娟還指出盧梭認為歷史教育就是運用別人、前人的經驗來施行道德教育，因為他們的言行在歷史記載中無法被掩飾或偽裝，所以學生可以通過對他們進行道德判斷來了解人性。[2] 張健偉、李成靜、陳華仔發現，盧梭通過改變歷史評判的標準和歷史書寫的內涵，使歷史書

[1] 于書娟：《世界著名教育思想家：盧梭》（北京：北京師範大學出版社，二〇一二），頁一二八、一三九、一七三—一七四。周雲：〈從《愛彌兒》看盧梭的道德教育思想〉，《社會科學前沿》，二〇一八，七（五），頁六〇八—六〇九。

[2] 于書娟，頁一七〇—一七二。

寫從「事實真實」轉向「哲學真實」，因而具有道德教化的作用。新的歷史書寫以寓言和故事包裝哲理，比起生澀和教條式的哲學著作更為理智未完全成熟的年輕學生所接受。[3]曹永國認為同情是「公民德行養成的自然之根」，盧梭的歷史教育為的是培養對富貴者的同情。他指出盧梭主張學生運用獨立判斷的能力，審視和甄別歷史上權貴們享有的快樂、名利、權力及伴隨的煩惱、痛苦、互相偽飾和欺騙，以此獲得自我肯定和滿足，並對權貴產生同情而不是仇視或嫉妒之心。曹永國認為盧梭式歷史教育的目的不在歷史事件的記憶，而在於通過歷史理解到自己的生活和人類的命運，繼而尋找個人生存的意義。[4]

然而，盧梭改革歷史書寫和歷史教育的想法引起不少爭議。G. John批評盧梭式的歷史教育存在「嚴重的社會偏見」（a strong social bias）。[5]而Julia Simon

---

3 張建偉、李成靜、陳華仔：〈作為教育方式的歷史書寫——盧梭論歷史與教育〉，《湖南師範大學教育科學學報》，二〇一六，一五（四），頁三〇—三二。

4 曹永國：〈同情教育：公民德行養成的根基——盧梭《愛彌兒》第四卷中的一個審思〉，《現代大學教育》，二〇一五（二），頁七三—八〇。

5 G. John, "The Moral Education of Emile", *Journal of Moral Education*, 2006, 11(1), pp, 27-28.

則借用Bakhtin提出的「時空體」（Chronotope）概念，指盧梭創造了一個與真實歷史不一致的假想時空，令學生無法將之與自己身處的時空相連結，但這並不影響他們學習歷史，因為根據盧梭歷史教育的理論，他們要學習的本非歷史記憶，而是裡面蘊含的哲學。[6]還有學者認為盧梭從道德的角度出發，重新解釋人類社會發展的歷史，偏信原始狀態下的人性純樸，是過於浪漫主義和理想主義，甚至存在邏輯矛盾。[7]即便如此，也有學者認為在今天這個歷史教育娛樂化、功利化的時代，盧梭對歷史書寫的哲學改造仍有相當的教育意義，因此對盧梭的歷史教育理論予以肯定。[8]

我們閱讀盧梭《愛彌兒》，不難發現通過歷史教育培養道德品質培養的重要

---

6 Julia Simon, "Natural man and the Lessons of History: Rousseau's Chronotopes", *Clio*, Summer 1997, 26(4), pp. 473-484.

7 薛勇：〈寓言，兒童不宜——錢鍾書、盧梭觀點異同辨〉，《中學語文教學》，二〇〇四（五），頁三六—三七；溫浩然：〈盧梭歷史哲學的詮釋路徑及其人的邏輯〉，《黑河學刊》，二〇一七，二三四（六），頁四〇—四一、五四。

8 張建偉、李成靜、陳華仔，頁三二—三三。

性。根據盧梭的說法，人們應該將歷史當作寓言故事，其中蘊含的德性非常適合人心的吸收。[9]在道德品質中，盧梭尤其重視人應盡的種種義務。[10]至於歷史書寫，盧梭認為歷史作品所描繪的「事實」與歷史真實發生過的「事實」有很大的距離，因為歷史學家往往會按自己的利益好惡來重塑歷史。[11]如果是這樣的話，那麼歷史書寫的價值在哪裡呢？下文以歷史劇本〈張騫〉的編寫為例，探討盧梭式歷史教育和歷史書寫的相關問題。我編寫歷史劇本〈張騫〉的過程，可以分為兩個步驟，首先是重新解讀歷史文獻，然後是以戲劇的形式再現張騫出使西域這段史實。通過對這兩個步驟的分析，本文嘗試反省歷史研究者對文獻的重塑，並討論如何通過歷史劇培養年輕學生的道德品質。

9 Jean-Jacques Rousseau, Trans., Allan Bloom. *Émile* (New York: Basic Books, 1979), p. 156.

10 Rousseau, *Émile*, p. 112.

11 Rousseau, *Émile*, p. 238.

一、史書中關於張騫的記載

張騫出使西域的事蹟主要記載在《史記》的〈大宛列傳〉和《漢書》的〈張騫李廣利傳〉。事實上除了《史記・大宛列傳》和《漢書・張騫李廣利傳》記述張騫出使西域這件事之外，這兩本史書中的其他篇章也有提到張騫出使的事情，比如《史記》的〈衛將軍驃騎列傳〉、〈李將軍列傳〉和《漢書》的〈西域傳〉、〈李廣蘇建傳〉、〈武帝紀〉。但是除了〈大宛列傳〉和〈張騫李廣利傳〉之外，其他篇章中記載這件歷史事件是相對次要的，沒有〈大宛列傳〉和〈張騫李廣利傳〉那麼集中。也就是說〈大宛列傳〉和〈張騫李廣利傳〉是在各種材料中最集中記載張騫兩次出使西域的事蹟。所以當我編寫張騫劇本的時候，主要用這兩個原材料，同時也參考了其他人物傳記。其實《漢書》跟《史記》上有關張騫出使西域的記載基本相同。兩者僅在一個問題上有比較大的差異。這點差異挺有趣的，下文會再提及。另外，張騫第一次出使以後向天子詳述西域各國情況的內容，《史記》是將它與張騫的事蹟一同放在〈大宛列傳〉，而《漢書》則沒有將它與記載張騫事蹟的〈張騫李廣利傳〉放在一起，而是在〈西域傳〉中記載。

下文先看看兩部史書是如何講張騫出使西域的事蹟。張騫第一次出使，「是時天子問匈奴降者，皆言匈奴破月氏王，以其頭為飲器，月氏遁逃而常怨仇匈奴，無與共擊之。漢方欲事滅胡，聞此言，因欲通使。」[12]簡單地說，漢朝知道大月氏與匈奴有仇，於是派使到西域想要聯合大月氏共同消滅匈奴。可是，由漢出發到大月氏，要經過匈奴的境內，就在經過匈奴境內的時候張騫被匈奴俘虜，之後被關押了十幾年。十多年過去了，他終於找到機會逃走。他逃去大宛，經過康居，最後到達大月氏，可是當時大月氏王貪圖安逸，已經不想跟匈奴打仗了。於是張騫只好回漢朝，在回漢途中又被匈奴抓起來，一年多以後帶同妻兒逃回漢地。[13]

12　司馬遷，《史記》（北京：中華書局，一九五九），卷一百二十三，〈大宛列傳〉，頁三一五七。

13　司馬遷，《史記》卷一百二十三，〈大宛列傳〉，頁三一五七—三一五九；班固，《漢書》（北京：

回到漢地以後，張騫將在大宛、大月氏、大夏、康居等地的所見所聞向天子報告。之後張騫又跟隨衛青去攻打匈奴。因為張騫非常熟悉西域諸國的地理情況，如河道、地形等，於是漢武帝派他跟隨大將軍衛青出征西域。張騫知道如何帶領軍隊找到水源等資源，讓軍隊在行軍過程中避免過於疲乏，所以在他跟隨衛青打完仗回漢以後，武帝封他為博望侯。張騫跟隨衛青攻打匈奴回來以後，又跟隨李廣將軍攻打匈奴。他第一次跟隨衛青攻打匈奴的時候自己沒有帶兵，但第二次他跟李廣一起去攻打匈奴的時候，自己帶兵了，他帶的部隊差不多一萬多人。可惜在戰事後期沒能帶兵按時抵達指定的地點，犯了軍紀，本來應該斬首，但因為他有侯爵在身，並且能用錢贖身，才不至於被斬首，最後被貶為庶人。[14]

那麼在他被貶為庶人之後，為什麼還會有第二次出使呢？在貶為庶人後，天

---

14 司馬遷，《史記》卷一百二十三，〈大宛列傳〉，頁三一六七；班固，《漢書》卷六十一，〈張騫李廣利傳〉，頁二六九一。

中華書局，一九六二），卷六十一，〈張騫李廣利傳〉，頁二六八七—二六八九。

子還不斷召見張騫，詢問他有關大夏和其他西域諸國的情況。在和武帝討論的過程中，張騫提出了自己的想法：「厚幣賂烏孫，招以益東，居故渾邪之地，與漢結昆弟，其勢宜聽，聽則是斷匈奴右臂也。既連烏孫，自其西大夏之屬皆可招來而為外臣。」[15]這些想法讓天子覺得很有意思，於是讓張騫再度出使，這次的目標是與烏孫聯手對付匈奴，同時想聯合大夏等國，將他們招來做漢的外臣。張騫順利完成使命，最後還帶烏孫使者及烏孫王獻與漢的禮物一起歸國。第二次出使之後，根據《史記》的評論：「西北國始通於漢」，就是說西北這些國家，在張騫第二次出使之後開始跟漢正式互相溝通。[16]以上內容是《史記・大宛列傳》和《漢書・張騫李廣利傳》有關張騫兩次出使西域的記載。

15 司馬遷，《史記》卷一百二十三，〈大宛列傳〉，頁三一六八。
16 司馬遷，《史記》卷一百二十三，〈大宛列傳〉，頁三一六九。

二、張騫劇本作為歷史書寫

前文指出盧梭認為歷史作品所描繪的「事實」與歷史真實發生過的「事實」有很大的距離，因為歷史學家往往會按自己的利益好惡來重塑歷史。根據盧梭的說法，歷史學家擁有一種推測的藝術，使他們能從眾多謊言中挑選一個最接近真理的故事。[17]但是，必須指出盧梭並沒有因此而否定歷史作品，因為他認為我們可以視歷史為寓言的組織（a tissue of fables），其中所蘊含的道德非常適合人心。[18]我在編寫張騫劇本的時候盡可能忠於歷史原材料，只有當中有一些人物的對白是我自己補充上去的，如果我們按照以上盧梭對於歷史作品和歷史書寫的想法，張騫劇本也可以視為一種歷史書寫。

[17] Rousseau, *Émile*, p. 238.

[18] Rousseau, *Émile*, p. 156.

漢代史料的記載：政治軍事因素

必須指出我在編寫張騫劇本的時候對史料做了一些取捨，即在選用部分史實的同時也省略了另一部分的史實。張騫劇本完全省略了一個情節，即張騫第一次出使西域歸來後給漢武帝做了一份關於西域諸國的報告，內容非常詳細。這份報告在《史記・大宛列傳》和《漢書・西域傳》有詳細記載。從一個歷史研究者的眼光看，這份報告非常有趣。到底哪裡有趣呢？以下分三個層次談談。第一，從《史記》的原文中看到，張騫報告的一個重點是介紹了西域的戰略地理形勢。比如大宛在匈奴的哪一個方向、它與匈奴相距多遠，它跟漢朝的關係是怎麼樣，以及它的四方是哪些國家。後者包括烏孫在大宛哪一個方向，康居在大宛的哪一個方向，大月氏在大宛的哪一個方向，它們之間距離有多遠，有哪些河道穿過這些國家等等。當地的河道、水土等資訊也可以在這份報告中看到。也就是說當時張騫給皇帝一份以西域諸國的地理情況為重點的報告。

報告的第二個重點是西域諸國的國力。這些情況包括西域各國中哪些是大國，哪些是小國，這些國家的人口有多少。關於人口，最重要的訊息是西域諸國的人口中可以打仗的人有多少。比如大宛「大小七十餘城，眾可數十萬。其兵弓矛騎射」，這裡說大宛有大小七十多座城，人口數十萬，使用弓箭長矛騎馬作戰；烏孫是「控弦者數萬，敢戰」，烏孫可以使用弓箭的有數萬人，而這些人戰鬥力很強，很願意去打仗。康居則有八、九萬「控弦者」，但是國家很小。之後還提到，大月氏是個大國，有一、二十萬可以使用弓箭的人。通過這部分的報告，我們可以看到張騫非常重視西域各國的人口，尤其是戰鬥人口。[19]

第三個重點是關於西域諸國的風土人情或習俗。報告尤其注意這些國家是從事農耕（輔以畜牧）還是游牧等資料。他提到大宛：「其俗土著，耕田，田稻麥。有蒲陶酒。多善馬，馬汗血，其先天馬子也。」張騫先指出大宛人耕田，他們種植什麼農作物，還提到他們有葡萄酒和汗血寶馬等特產。張騫還特別指出汗血寶馬的祖先就是「天馬」。烏孫、康居、大月氏的情況也有記敘：「大月氏……

19 司馬遷，《史記》卷一百二十三，〈大宛列傳〉，頁三一六〇—三一六五。

隨畜移徙，與匈奴同俗」；「烏孫……隨畜，與匈奴同俗」；「康居……與月氏大同俗」。根據張騫的報告，烏孫、康居、大月氏都是游牧民族。對於安息有更詳細的記載：「安息……耕田，田稻麥，蒲陶酒……有市，民商賈用車及船，行旁國或數千里。以銀為錢，錢如其王面」。根據報告，安息也有耕田和生產葡萄酒等。另外，對於張騫來說，安息的商業情況可能比較重要，他記錄了安息使用貨幣，還特意記錄了貨幣上有國王的頭像，而且這個頭像會隨國王的更替而改變等情況。我們不難發現張騫對於風土、習俗、物資等記錄頗為詳盡。[20]如果跟其他早期西方歷史著作去對比，這部分比較接近民族誌的內容，也許跟希羅多德（Herodotus）的《歷史》（*Histories*）有接近之處，兩者都對記錄地方的習俗很感興趣。事實上，盧梭認為在歷史著作中，《伯羅奔尼撒戰爭史》（*Peloponnesian War*）和《歷史》是最好的歷史作品：前者不加入作者的個人判斷，而後者有各種各樣的細節。[21]

張騫所報告的內容之所以會被史書記錄下來，一來是張騫本人覺得重要，

20 司馬遷，《史記》卷一百二十三，〈大宛列傳〉，頁三一六〇—三一六五。

21 Rousseau, *Emile*, p. 239.

需要詳細向皇帝報告，張騫在西域十多年，他不會事無鉅細都跟皇帝報告，比如他不會談及他在匈奴的妻子以及他倆生的孩子，他更不會將被囚禁的十幾年中做了什麼、吃了什麼之類的生活瑣事向皇帝報告，他只選取了重點作匯報。另一方面，當時的皇帝也挺願意聽張騫講這些事情，並且覺得這些資料重要，所以讓史官記下來，而且是用了比較長的篇幅去將這些內容仔細記錄下來。事實上，這些資料占《史記・大宛列傳》中張騫部分接近一半的篇幅。

《史記》和《漢書》的原文並不是以地理形勢、國力、風俗這三個分類將張騫的報告記錄下來，只是我通過對原材料的分析和重整後，總結成以上三個分類。通過這樣分析、重整和分類，我主要是要展示張騫報告中一個有趣的地方：即對於漢代兩位歷史學家看來，出使最重要的意義在政治和軍事方面。正如上文提到在《史記》的相關紀錄裡，大量篇幅記載了西域諸國的地理、人口、風俗和物產。那麼，為什麼報告裡要講這麼多地理位置和山川河流的情況？為什麼要記錄人口的數目，尤其是可以打仗的人數？為什麼介紹這些地方的習俗？細心地進一步分析，可以發現這些資料其實可以理解為是情報。這些情報的收集是為了什麼目的呢？我們不難想到是為了軍事的目的，更具體說收集這些情報的目的是為了打敗匈奴。要是根據這些情報能讓漢朝打勝仗，那麼這些情報就變得非常有價值，而收集這些情報的人，也就立了一功。這樣，我們便可理解為何張騫第一次出使回來之後，並沒有立刻被封為侯，而是等到他跟隨衛青攻打匈奴獲勝之後才被皇帝封為博望侯。因為隨衛青攻打匈奴期間，張騫的情報起作用了，他知道地理位置，知道水草在哪裡，他的這些情報令軍隊可以得到休息而不會過於疲乏。結果漢朝打勝了。也就是說，他的情報對於打敗匈奴有很高的價值，張騫作為情報收集人而立了大功，因此皇帝才封他為侯。《史記》和《漢書》對此記載完全相同：「騫以校尉從大將軍擊匈奴，知水草處，軍得以不乏，乃封騫為博望侯」。[22] 簡言之，張騫封侯不是單單因為他在外交上的成就，而是因為他收集了有價值的軍事情報，這些軍事情報幫助衛青打勝匈奴。因此，對《史記》和《漢書》來說，張騫出西域，軍事上的考量和價值是最重的。

[22] 司馬遷，《史記》卷一百二十三，〈大宛列傳〉，頁三一六七；班固，《漢書》卷六十一，〈張騫李廣利傳〉，頁二六九一。

比較張騫兩次出使西域的遭遇，亦有助我們理解軍事因素對張騫出西域的重要性。前文提到張騫第一次出使即被匈奴俘虜，並被囚禁了十幾年。匈奴對他不是很差，給他一個女人作妻子，對他的看管也慢慢放鬆下來，所以他之後才有機會逃走。逃走之後他到了大宛等國去完成他的出使任務，可是完成任務以後他還是要經過匈奴控制的地方才能回到漢朝的境內，途中他又被匈奴俘虜，但這次他的運氣比較好，只被關押了一年多。跟之前十多年相比，一年多算是很短的時間，張騫在短短的時間內被釋放的原因，不是因為匈奴敬重他，也不是因為害怕漢朝的強大，只是因為匈奴內亂，張騫才有機會逃跑。總而言之，張騫第一次出使時，每當經過匈奴的領地，他都會被俘虜。

有趣的是，張騫在第二次出使的過程中再沒有遇到被俘的情況，再也沒有被匈奴抓起來，可以說是來去自如，還可以帶很多副使或者助手一起去。這些副使還可以分別到不同的西域國家訪問，甚至回漢朝的時候還帶了烏孫的使者，順利地完成使命。為什麼張騫第二次出使這麼順利呢？我們嘗試再次閱讀歷史原材料就不難發現其中的原由。《史記》和《漢書》並沒有直接解答我們的問題，我們細閱歷史材料後再作研究和分析，可以發現在張騫第一次出使與第二次出使之間，《史記》和《漢書》用了簡短的篇幅寫了衛青攻打匈奴和霍去病攻打匈奴的事情。《史記》和《漢書》分別記載：「騫以校尉從大將軍擊匈奴……是歲漢遣驃騎破匈奴西（城）〔域〕數萬人，至祁連山。其明年，渾邪王率其民降漢，而金城、河西西並南山至鹽澤空無匈奴。匈奴時有候者到，而希矣。其後二年，漢擊走單于於幕北。」[23]事實上，衛青和霍去病先後攻打匈奴之後，匈奴已經受到了沉重的打擊，有的匈奴領土已經慢慢納入了漢的版圖，而匈奴單于則被趕到沙漠以北。這個史實對回答為何張騫第二次出使異常順利這點很有幫助：因為通往西域的一條道路在張騫第二次出使前就已經納入了漢的轄地。也就是說張騫第二次出使的時候走的是自己國家的轄地，因此不會被匈奴俘擄，來去自如。有了漢朝軍事上的保障，再次出使西域才能更順利地完成。

張騫出西域，最重要的考量和價值在軍事和政治方面，這個觀點還可以從

23 司馬遷，《史記》卷一百二十三，〈大宛列傳〉，頁三一六七；班固，《漢書》卷六十一，〈張騫李廣利傳〉，頁二六九一。

《漢書》其他部分找到佐證。《漢書・傳常鄭甘陳段傳》指出歷代派員出使西域最終讓漢朝可以在西域建立都護，直接管理這一地區。關於在西域建立都護，《漢書》是這樣記載的：「始自張騫通西域，而成於鄭吉。」[24]也就是說，建立都護這個事業由張騫通西域奠定了基礎，而到宣帝時期的鄭吉才最終完成。《漢書》的這個評價，讓我們看到張騫出使西域在政治軍事上的意義。

總而言之，根據史書記載，張騫被封博望侯，是因為他收集了很多有用的軍事情報，漢朝因為得到這些情報得以打敗匈奴，為張騫第二次出使提供安全的環境。張騫第二次出使以後，漢朝才成功與西域諸國建立關係。而自張騫開始，經一代又一代人的努力，漢朝終於在西域建立行政管理機構。因此說，《史記》和《漢書》記錄張騫出西域一事，均側重政治軍事方面。

前文提到《史記》和《漢書》記載張騫出使西域一事內容基本一致，只有一處有比較大的分歧。這個分歧出現在張騫向武帝所做的報告裡。報告提到烏孫

[24] 班固，《漢書》卷七十，〈傳常鄭甘陳段傳〉，頁三〇〇六。

王昆莫的父親是誰殺死時，兩份史料的記載完全不同。根據《史記》的記載，昆莫的父親是匈奴人殺的，然後匈奴人又收養了這個昆莫。[25]而根據《漢書》的記載，昆莫的父親是被大月氏殺死的，在這之後匈奴才收養了昆莫。[26]雖然這是一個很大的分歧，而且也很有趣，但跟我們寫張騫出使的故事沒有直接關係，所以劇本裡沒包括這個情節。

這裡再次說明從歷史材料到編寫劇本，我們對歷史材料要作出取捨。因為歷史材料內容很豐富，有很多層次，史料裡充滿了各色各樣有趣的故事和種種細節：比如張騫是怎麼出發的，當時的軍事情況、文化、習俗是怎樣的，衛青、霍去病如何進攻匈奴，西域諸國的人對漢朝有什麼認識，漢朝對他們有什麼吸引力等等。值得一提的是，關於漢朝對西域諸國有何吸引力這個問題，《史記》有幾處文字記載：「大宛聞漢之饒財，欲通不得，見騫，喜」；「漢之賂遺王財物不可勝言」；「蠻夷俗貪漢財物，今誠以此時而厚幣賂烏孫」；「牛羊以萬數，齎

25 司馬遷，《史記》卷一百二十三，〈大宛列傳〉，頁三一六八。
26 班固，《漢書》卷六十一，〈張騫李廣利傳〉，頁二六九二。

金幣帛直數千巨萬」；「騫與烏孫遣使數十人，馬數十匹報謝，因令窺漢，知其廣大」。[27]從這些文字去看，一方面西域諸國的人認為漢很富有，國土也大；另一方面漢朝也認為他們愛財，因此以財富來吸引他們。這些文字記載的有趣之處在於讓我們認識到：分別生活在西漢和東漢時期的兩位史學家，都認為漢的吸引力其實就是財富、人口以及廣大的國土，而不是漢朝先進豐富的文化，更不是因為中國有儒家思想或高尚的道德價值。簡單直接地說，按照他們二人的理解漢朝的吸引力就在於它的財富與權力（wealth and power）。

現代的轉化：從政治軍事到文化交流

歷史材料內容如此豐富有趣和多層次，那麼我們在編寫劇本、思考怎樣將史料轉化為動畫劇本的時候，就需要一些標準或者是原則。其中一個標準，也是最重要的標準，就是要忠於史料，以史實為基礎，加上自己的分析理解，在這個基

[27] 司馬遷，《史記》卷一百二十三，〈大宛列傳〉，頁三一五八、三一六八——三一六九。

礎上對史料進行選取。選取的原因是我們不可能將史料的內容全部放到編寫的劇本中，因為劇本受篇幅所限。當然，對史料進行選取的另一個原因是要與主題配合。究竟通過張騫這一個人物（或者其他的人物比如孔子、屈原等）我們想將一個什麼樣的主題傳遞出去呢？也就是說，在忠於史料的基礎上，從限制篇幅與突出主題這兩個方向出發對史料進行選取。

由於篇幅的限制，在編寫張騫劇本時我將第一次和第二次出使做了一個很簡單的處理。劇本裡沒有像《史記》和《漢書》那樣將張騫的報告詳細地寫出來，劇本也沒有提到張騫跟衛青一起出發攻打匈奴、張騫被貶為庶人、霍去病在張騫第二次出使之前便成功打敗匈奴等事情。我們知道所有作品都受篇幅的限制，那麼我們就要追問：為什麼我們要做這樣或那樣的選擇？為什麼我們選這些內容，而不選那些內容呢？

上文提到經過仔細閱讀和分析史料以後，發現在司馬遷和班固的時代，出使西域的重要性在於政治和軍事方面，文化交流並不是重點。但是在張騫劇本裡，文化交流卻被突出，為何要突出文化交流呢？因為要服務我們現代的需要。什麼是我們現代的需要呢？現代人喜歡講國與國之間，人民與人民之間的經濟、文化交流互動，比如這些年我們關心絲綢之路、對一帶一路抱有期望。由於現代人認為這些主題重要，在編寫張騫劇本的時候，文化交流就被突出了。歷史研究者閱讀史料、理解歷史、解釋歷史，然後通過文字將歷史再現時，這些新理解和新解釋很多時候都與現代的價值、需要或意識形態發生關係。

那麼接下來要問：重新編寫歷史的時候，對材料作選取，並將過去的歷史與現代的價值、需要或意識形態聯繫起來，是不是不對的？是不是不好的？前文提到盧梭認為歷史作品所描繪的「事實」與歷史真實發生過的「事實」有很大的距離，因為歷史學家往往會按自己的利益好惡來重塑歷史。盧梭還指出，歷史學家不需要改變史實，只需要增加或減少對各種事實之間的關係描述，就足以改變讀者對歷史的理解。他說，從不同角度觀察，同樣的事物看起來就會很不一樣。然而，這個事物的本質不會因此而改變，改變的只是觀眾所能看到的東西。[28]

[28] Rousseau, *Émile*, p. 238.

我們可以說按照盧梭的看法，關於張騫出使西域一事，不管是漢代重視的政治軍事因素，還是我們今天重視的國與國之間和平的文化交流，兩者同樣可以理解為歷史研究者從不同角度觀察同一事物／事件（張騫通西域），最終讓觀眾看到不同的表象：前者是政治軍事，後者是文化交流。盧梭沒有對歷史學家在寫作時的自我反省加以評論。我認為要成為一個好的歷史研究者，我們要清楚意識到自己在閱讀史料、重新解釋史料和重新編寫歷史的時候，那些現代的價值、需要和意識形態對我們的影響。也就是說我們要不斷反省自己的理解和作品。換言之，作為歷史研究者，當我們去處理這些歷史材料的時候，我們要對如何運用這些材料很有意識。歷史研究者不可能百分之百還原歷史，這是我們研究歷史的一個限制，面對這些限制，歷史研究者要有自覺性。

我們不可以因為盧梭對歷史學家和歷史作品有這些看法就判斷盧梭對歷史持有負面的想法。事實上，盧梭認為歷史在教育的領域裡是非常重要的。他說只有通過歷史才能讓年輕的學生了解人的內心世界。[29]我們如何理解盧梭講的人的內心世界呢？這點可以通過他對歷史教育的看法嘗試找答案。

三、歷史教育

盧梭雖然讚揚《伯羅奔尼撒戰爭史》，可是他又指出這本歷史著作美中不足之處在於全部談戰爭。盧梭認為好的歷史著作要寫重要人物的生命，認為歷史教育最重要是讓年輕人了解「人」，所謂了解「人」不是了解人的外在，不是他們公開做了些什麼，而是要了解他們的心，了解他們的德性。[30]

《史記》和《漢書》，按照盧梭的觀點，都有一些傳統歷史著作共通的不足：兩部著作都比較重視政治軍事因素，多記錄重要人物的主要的公開活動，而對這些重要人物的日常生活不大重視。所以，看完史料以後我們思想中會有一些空白，我

29 Rousseau, *Émile*, p. 237.
30 Rousseau, *Émile*, p. 240.

們回想，張騫到底是一個什麼樣的人？張騫和他的外族隨從甘父在什麼情況下可以從匈奴逃走呢？張騫跟西域各國的國王講了些什麼，態度又應該是怎樣呢？在編寫劇本時這些問題為我們提供了想像的空間。我們還會想該如何塑造這些歷史人物。當我們具體去寫這些歷史人物的時候，重點還是不能違背基本史實和史料賦予人物以及事件的基本精神，比如我們不能將張騫寫成韋小寶那樣的形象和性格。

《史記》和《漢書》記載張騫出西域時，雖然重點在政治軍事方面，對人物的生活重視不夠，但是我認為它們還是能滿足盧梭對歷史教育的要求，即了解人、了解人的德性。在編寫歷史人物故事的時候，一個很重要的目的是通過歷史人物的故事讓年輕人看到人物身上那些優秀的道德品質，這些品質是古今中外都值得推崇的，它們可以超越時空傳遞到一代又一代年輕人的身上。具體來說，劇本希望通過張騫這個人物讓年輕人看到他忠於使命與忠於國家的優秀品質。《史記》和《漢書》上記載匈奴「留騫十餘歲，予妻，有子，然騫持漢節不失。」[31]

[31] 司馬遷，《史記》卷一百二十三，〈大宛列傳〉，頁三一五七；班固，《漢書》卷六十一，〈張騫李廣利傳〉，頁二六八七。

張騫被迫留在匈奴十多年，時間很長，匈奴人讓他在當地娶妻生子，讓他有一個家庭，讓他生活安穩，目的是想他能長期留下來，不再效忠漢朝，不再替漢朝做事，不去聯合西域其他國家來對付自己。然而，時間、家庭和安逸的生活，都不能改變張騫。十多年過去，他依然忠於他的使命，忠於國家給他的任務。他的忠誠就是這裡說的古今中外都值得推崇的優秀品質，可以超越時空傳給我們的下一代。

除了忠誠以外，兩部史書對張騫生命軌跡的刻劃讓我們看到，張騫不怕危險、不怕艱難，自動請纓出使西域；雖然他知道前去大月氏必然要經過匈奴的領地，但他也沒有退縮，毅然決定出使；歸漢以後又不怕危險，與衛青、霍去病一同出兵攻打匈奴；即使因犯軍紀被貶為庶人，他依然心繫國家，替自己的國家考慮問題；最後還願意不辭勞苦再次出使西域。這些記載讓我們了解到，張騫這個人不但忠於使命、忠於國家，還非常勇敢和堅毅。

兩部史書都記錄了張騫向皇帝詳細報告他收集到的軍事情報，從這點我們可以了解到張騫是一個有好奇心，能主動做事的人。他出發時候的任務只是聯繫大月氏，說服大月氏王共同抗擊匈奴，也就是說，張騫只要跟大月氏聯繫上了，並跟大月氏王提出漢朝的想法，就算是完成任務了。但是張騫沒有因此而結束行程，從報告的篇幅和內容看，他主動聯繫西域其他國家，並且在聯繫西域各國時，用心觀察這些國家的地形、人口和風俗情況，然後細細記錄下來，歸漢以後即向皇帝報告。從他收集軍事情報這件事情，我們看到他是個有好奇心、有觀察力的人。更重要的是，我們可以嘗試進一步了解張騫為什麼主動去觀察和記錄西域各國的情況。也許還是出於他對國家的忠誠，他心中總想著如何可以打敗匈奴，如何可以跟西域各國建立聯繫，因此他足跡所到之處，他都用心觀察和記下這些對軍事有用的信息。如果不是出於對國家的忠誠，而只是出於好奇心，他不必要只關心地形、人口等情況，他可以關心其他東西，如各國人民的長相、當地植物的分布等。所以說，從張騫收集軍事情報這部分記載，我們還是可以了解張騫作為人的優秀的道德品質。

最後要指出的是，由於劇本是用來製作適合高年級小學生和初中學生看的動畫，因此在編寫劇本的過程中還要有其他的考慮因素，比如劇本要寫得生動有趣便是重要的考慮因素。怎樣做到生動有趣，不能讓動畫只有一個個單調的畫面，而要讓畫面豐富多變、情節有起伏。因此劇本選擇了張騫被俘虜的部分，刻劃他在匈奴是怎麼受盡艱難困苦，最後完成任務，並且成就非凡。劇本也將甘父這個角色保留，希望畫面出現多一點不同的元素，比如不同的人種。劇本還要寫張騫和甘父途徑不同的西域國家，這樣可以使畫面可以不斷變動，使畫面豐富一點，生動一點。另外一點是根據史料裡對人物的記載，誇張放大人物的某些特徵，令動畫顯得更加有趣。比如大宛王，《史記》和《漢書》裡提到他貪財，於是劇本裡就突出他貪財這一點，所以大家看到動畫中，大宛王的眼睛有的時候會凸出一些錢的圖案。至於大月氏王就突出他貪圖安逸，當然這也是兩部史書有所提及，我們將其突出並漫畫化。當我們考慮到趣味的時候，我們還是要忠於史料，忠於史料這一點是一定不能改變的。但忠於史料的同時，還要生動有趣。為什麼要這麼生動有趣呢？這涉及到娛樂功能跟教育功能的關係。娛樂與教育兩者之間不但不會衝突矛盾，相反，我們必須要將它們結合得好，這樣才可以起到一個更好的教育作用。劇本和動畫有趣的話，觀眾（尤其是年輕的觀眾）就可以更容易地將劇本和動畫的內容印在腦海裡邊，這樣才能更長久地記得這個歷史人物以及相關故事。要是最終能培養年輕人對這個歷史人物的興趣，更理想的情況是年輕的觀眾因此而主動進一步去了解相關的歷史，那麼教育的目的就達到了。

總結

盧梭在《愛彌兒》中談到歷史書寫和歷史教育的問題，他並不認為歷史作品能還原歷史真相，同時指出歷史包含如同寓言一般適合人心的道德因素，認為歷史教育最重要在於讓年輕人了解「人」、了解人的道德品質。本文指出，作為歷史書寫的一種，張騫劇本與《史記》和《漢書》相關敘述相比重點不同，兩部史書呈現出來的重點是政治和軍事，而張騫劇本的重點則是文化交流。我們可以用盧梭對歷史書寫的看法來審視這個重點的改變：歷史學家在書寫歷史的時候往往從不同角度出發，這樣同樣的一個事物看起來就會很不一樣。然而，這個事物的本質不會因此而改變，改變的只是觀眾所能看到的東西。具體來說，張騫劇本從不同族群和平相處的角度看張騫出西域一事，觀眾從這件事所能看到的是文化交流。然而不管是政治軍事還是文化交流，最重要的還是張騫的故事讓我們了解張騫這個人，了解他身上所體現出來的優秀道德品質。這些品質才是盧梭所說的歷史教育最重要的元素。

盧梭指出，歷史教育關鍵在於在年輕人的腦海裡深深地印下不可磨滅的記號，從歷史人物身上看到的道德品質，可以讓人理解自己應盡的義務，這樣人在他的一生中就能行為合適。[32]張騫劇本以及依這個劇本製作出來的動畫，正是希望將張騫這個歷史人物的故事深深印在年輕學生的腦海裡，讓他們看到張騫忠於使命，忠於國家的優秀道德品質，希望年輕學生在他們人生中能跟張騫一樣行為恰當，對得起自己的生命和能力。

32 用盧梭在《愛彌兒》的原話：all those which are related to his happiness and are one day going to enlighten him about his duties —may be impressed on his brain with an indelible stamp at an early age and help him during his life to behave in a way suitable to his being and his faculties. Rousseau, *Émile*, p. 112.

Do歷史90　PH0266

從孔子到豐子愷：中國歷史劇本集

作　　者／許國惠
責任編輯／尹懷君
圖文排版／蔡忠翰
插　　畫／江正一
封面設計／劉肇昇

出版策劃／獨立作家
發 行 人／宋政坤
法律顧問／毛國樑　律師
製作發行／秀威資訊科技股份有限公司
地址：114 台北市內湖區瑞光路76巷65號1樓
電話：+886-2-2796-3638　傳真：+886-2-2796-1377
服務信箱：service@showwe.com.tw
展售門市／國家書店【松江門市】
地址：104 台北市中山區松江路209號1樓
電話：+886-2-2518-0207　傳真：+886-2-2518-0778
網路訂購／秀威網路書店：https://store.showwe.tw
國家網路書店：https://www.govbooks.com.tw

出版日期／2022年8月　BOD一版　定價／320元

獨立作家
Independent Author
寫自己的故事，唱自己的歌

從孔子到豐子愷：中國歷史劇本集 / 許國
惠著. -- 一版. -- 臺北市：獨立作家,
--2022.08
面； 公分. -- (Do歷史；90)
BOD版
ISBN 978-626-95869-6-7(平裝)

1.CST: 傳記 2.CST: 歷史故事 3.CST: 劇本
4.CST: 中國

782.1 111008756

國家圖書館出版品預行編目